This journal of memories belongs to:

~Memories~
One Line a Day
A Five-Year Journal

www.JuliaRivers.com
www.JuliaRivers.com/facebook

Record the best moments of your life over the span of five years in this One-Memory-a-Day diary.

It's so simple!

Each page of your journal represents a day of the calendar year and contains five sections, one for each year.

Write down day after day, year after year, one special moment, one funny scene, one thought, one feeling, one dream, one sentence or just one word.

And then remember and compare.

What happened over the course of 5 years on a particular date? Enjoy your memories and relive them.

January 1

20

20

20

20

20

January 2

20

20

20

20

20

January 3

20 _____

_____

_____

_____

20 _____

_____

_____

_____

20 _____

_____

_____

_____

20 _____

_____

_____

_____

20 _____

_____

_____

_____

January 4

20

20

20

20

20

January 5

20

20

20

20

20

January 6

20 _____

_____

_____

_____

20 _____

_____

_____

_____

20 _____

_____

_____

_____

20 _____

_____

_____

_____

20 _____

_____

_____

_____

January 7

20 _____

_____

_____

_____

20 _____

_____

_____

_____

20 _____

_____

_____

_____

20 _____

_____

_____

_____

20 _____

_____

_____

_____

January 8

20

20

20

20

20

January 9

20 _____

20 _____

20 _____

20 _____

20 _____

January 10

20

20

20

20

20

January 11

20

20

20

20

20

January 12

20

20

20

20

20

January 13

20

20

20

20

20

January 14

20 _____

20 _____

20 _____

20 _____

20 _____

January 15

20

___

20

___

20

___

20

___

20

January 16

20

20

20

20

20

January 17

20 _____

_____

_____

_____

20 _____

_____

_____

_____

20 _____

_____

_____

_____

20 _____

_____

_____

_____

20 _____

_____

_____

_____

January 18

20

20

20

20

20

January 19

20

20

20

20

20

January 20

20

20

20

20

20

January 21

20

20

20

20

20

January 22

20

20

20

20

20

January 23

20

20

20

20

20

January 24

20

20

20

20

20

January 25

20

20

20

20

20

January 26

20

20

20

20

20

January 27

20

20

20

20

20

January 28

20

20

20

20

20

January 29

20

20

20

20

20

January 30

20

20

20

20

20

January 31

20

20

20

20

20

February 1

20 _____

20 _____

20 _____

20 _____

20 _____

February 2

20 _____

_____

_____

20 _____

_____

_____

20 _____

_____

_____

20 _____

_____

_____

20 _____

_____

_____

February 3

20

20

20

20

20

February 4

20

20

20

20

20

February 5

20 _____

20 _____

20 _____

20 _____

20 _____

February 6

20

20

20

20

20

February 7

20

20

20

20

20

February 8

20 _____

20 _____

20 _____

20 _____

20 _____

February 9

20

20

20

20

20

February 10

20

20

20

20

20

February 11

20

20

20

20

20

February 12

20

20

20

20

20

February 13

20 _____

_____

_____

_____

20 _____

_____

_____

_____

20 _____

_____

_____

_____

20 _____

_____

_____

_____

20 _____

_____

_____

_____

February 14

20

20

20

20

20

February 15

20

20

20

20

20

February 16

20

20

20

20

20

February 17

20

20

20

20

20

February 18

20

20

20

20

20

February 19

20 _____

20 _____

20 _____

20 _____

20 _____

February 20

20

20

20

20

20

February 21

20

20

20

20

20

February 22

20 _____

20 _____

20 _____

20 _____

20 _____

February 23

20

20

20

20

20

February 24

20

20

20

20

20

February 25

20 _____
_____
_____
_____

20 _____
_____
_____
_____

20 _____
_____
_____
_____

20 _____
_____
_____
_____

20 _____
_____
_____
_____

February 26

20

20

20

20

20

February 27

20 _____

20 _____

20 _____

20 _____

20 _____

February 28

20 _____

20 _____

20 _____

20 _____

20 _____

February 29

20

20

20

20

20

March 1

20

20

20

20

20

March 2

20 _____

20 _____

20 _____

20 _____

20 _____

March 3

20 _____

20 _____

20 _____

20 _____

20 _____

March 4

20

20

20

20

20

March 5

20

20

20

20

20

March 6

20 _____

20 _____

20 _____

20 _____

20 _____

March 7

20

20

20

20

20

March 8

20

20

20

20

20

March 9

20

20

20

20

20

March 10

20 _____

20 _____

20 _____

20 _____

20 _____

March 11

20 _____

_____

_____

_____

20 _____

_____

_____

_____

20 _____

_____

_____

_____

20 _____

_____

_____

_____

20 _____

_____

_____

_____

March 12

20 _____

20 _____

20 _____

20 _____

20 _____

March 13

20

20

20

20

20

March 14

20

20

20

20

20

March 15

20 _____

_____

_____

_____

20 _____

_____

_____

_____

20 _____

_____

_____

_____

20 _____

_____

_____

_____

20 _____

_____

_____

_____

March 16

20

20

20

20

20

March 17

20

20

20

20

20

March 18

20 _____
_____
_____
_____

20 _____
_____
_____
_____

20 _____
_____
_____
_____

20 _____
_____
_____
_____

20 _____
_____
_____
_____

March 19

20 _____

_____

_____

_____

20 _____

_____

_____

_____

20 _____

_____

_____

_____

20 _____

_____

_____

_____

20 _____

_____

_____

_____

March 20

20 _____

20 _____

20 _____

20 _____

20 _____

March 21

20

20

20

20

20

March 22

20

20

20

20

20

March 23

20

20

20

20

20

March 24

20

20

20

20

20

March 25

20

20

20

20

20

March 26

20

20

20

20

20

March 27

20

20

20

20

20

March 28

20

20

20

20

20

March 29

20

20

20

20

20

March 30

20

20

20

20

20

March 31

20

20

20

20

20

April 1

20

20

20

20

20

April 2

20 _____

20 _____

20 _____

20 _____

20 _____

April 3

20 _____

20 _____

20 _____

20 _____

20 _____

April 4

20

20

20

20

20

April 5

20

20

20

20

20

April 6

20 _____

20 _____

20 _____

20 _____

20 _____

April 7

20

20

20

20

20

April 8

20 _____

_____

_____

_____

20 _____

_____

_____

_____

20 _____

_____

_____

_____

20 _____

_____

_____

_____

20 _____

_____

_____

_____

April 9

20

20

20

20

20

April 10

20 _____

20 _____

20 _____

20 _____

20 _____

April 11

20

20

20

20

20

April 12

20

20

20

20

20

April 13

20

20

20

20

20

April 14

20

20

20

20

20

April 15

20

20

20

20

20

April 16

20

20

20

20

20

April 17

20

20

20

20

20

April 18

20

20

20

20

20

April 19

20

20

20

20

20

April 20

20

20

20

20

20

April 21

20 _____

_____

_____

_____

20 _____

_____

_____

_____

20 _____

_____

_____

_____

20 _____

_____

_____

_____

20 _____

_____

_____

_____

April 22

20

20

20

20

20

April 23

20

20

20

20

20

April 24

20

20

20

20

20

April 25

20

20

20

20

20

April 26

20

20

20

20

20

April 27

20

20

20

20

20

April 28

20

20

20

20

20

April 29

20

20

20

20

20

April 30

20 _____

_____

_____

_____

20 _____

_____

_____

_____

20 _____

_____

_____

_____

20 _____

_____

_____

_____

20 _____

_____

_____

_____

May 1

20 _____

20 _____

20 _____

20 _____

20 _____

May 2

20

20

20

20

20

May 3

20

20

20

20

20

May 4

20

20

20

20

20

May 5

20

20

20

20

20

May 6

20

20

20

20

20

May 7

20

20

20

20

20

May 8

20

20

20

20

20

May 9

20

20

20

20

20

May 10

20

20

20

20

20

May 11

20

20

20

20

20

May 12

20 _____

20 _____

20 _____

20 _____

20 _____

May 13

20

20

20

20

20

May 14

20

20

20

20

20

May 15

20

20

20

20

20

May 16

20

20

20

20

20

May 17

20

20

20

20

20

May 18

20

20

20

20

20

May 19

20

20

20

20

20

May 20

20 _____

20 _____

20 _____

20 _____

20 _____

May 21

20

20

20

20

20

May 22

20 _____

20 _____

20 _____

20 _____

20 _____

May 23

20

20

20

20

20

May 24

20

20

20

20

20

May 25

20

20

20

20

20

May 26

20

20

20

20

20

May 27

20

20

20

20

20

May 28

20

20

20

20

20

May 29

20

20

20

20

20

May 30

20 _____

20 _____

20 _____

20 _____

20 _____

May 31

20

20

20

20

20

June 1

20 _____

20 _____

20 _____

20 _____

20 _____

June 2

20

20

20

20

20

June 3

20

20

20

20

20

June 4

20

20

20

20

20

June 5

20

20

20

20

20

June 6

20

20

20

20

20

June 7

20

20

20

20

20

June 8

20

20

20

20

20

June 9

20 _____

20 _____

20 _____

20 _____

20 _____

June 10

20 _____

20 _____

20 _____

20 _____

20 _____

June 11

20 _____
_____
_____
_____

20 _____
_____
_____
_____

20 _____
_____
_____
_____

20 _____
_____
_____
_____

20 _____
_____
_____
_____

June 12

20

20

20

20

20

June 13

20 _____

20 _____

20 _____

20 _____

20 _____

June 14

20

20

20

20

20

June 15

20 _____

20 _____

20 _____

20 _____

20 _____

June 16

20 _____

20 _____

20 _____

20 _____

20 _____

June 17

20

20

20

20

20

June 18

20

20

20

20

20

June 19

20

20

20

20

20

June 20

20 _____

_____

_____

_____

20 _____

_____

_____

_____

20 _____

_____

_____

_____

20 _____

_____

_____

_____

20 _____

_____

_____

_____

June 21

20

20

20

20

20

June 22

20

20

20

20

20

June 23

20 _____

20 _____

20 _____

20 _____

20 _____

June 24

20 _____

20 _____

20 _____

20 _____

20 _____

June 25

20 _____

20 _____

20 _____

20 _____

20 _____

June 26

20 _____

20 _____

20 _____

20 _____

20 _____

June 27

20 _____

20 _____

20 _____

20 _____

20 _____

June 28

20

20

20

20

20

June 29

20

20

20

20

20

June 30

20

20

20

20

20

July 1

20

20

20

20

20

July 2

20

20

20

20

20

July 3

20

20

20

20

20

July 4

20 _____

20 _____

20 _____

20 _____

20 _____

July 5

20

20

20

20

20

July 6

20

20

20

20

20

July 7

20

20

20

20

20

July 8

20

20

20

20

20

July 9

20

20

20

20

20

July 10

20 _____

20 _____

20 _____

20 _____

20 _____

July 11

20

20

20

20

20

July 12

20

20

20

20

20

July 13

20 _____
_____
_____
_____

20 _____
_____
_____
_____

20 _____
_____
_____
_____

20 _____
_____
_____
_____

20 _____
_____
_____
_____

July 14

20

20

20

20

20

July 15

20

20

20

20

20

July 16

20

20

20

20

20

July 17

20 _____

20 _____

20 _____

20 _____

20 _____

July 18

20

20

20

20

20

July 19

20 _____

20 _____

20 _____

20 _____

20 _____

July 20

20 _____
_____
_____
_____

20 _____
_____
_____
_____

20 _____
_____
_____
_____

20 _____
_____
_____
_____

20 _____
_____
_____
_____

July 21

20

20

20

20

20

July 22

20

20

20

20

20

July 23

20

20

20

20

20

July 24

20 _____

20 _____

20 _____

20 _____

20 _____

July 25

20

20

20

20

20

July 26

20 _____
_____
_____
_____

20 _____
_____
_____
_____

20 _____
_____
_____
_____

20 _____
_____
_____
_____

20 _____
_____
_____
_____

July 27

20 _____

20 _____

20 _____

20 _____

20 _____

July 28

20

20

20

20

20

July 29

20

20

20

20

20

July 30

20

20

20

20

20

July 31

20

20

20

20

20

August 1

20 _____

_____

_____

_____

20 _____

_____

_____

_____

20 _____

_____

_____

_____

20 _____

_____

_____

_____

20 _____

_____

_____

_____

August 2

20

20

20

20

20

August 3

20

20

20

20

20

August 4

20

20

20

20

20

August 5

20

20

20

20

20

August 6

20

20

20

20

20

August 7

20

20

20

20

20

August 8

20

20

20

20

20

August 9

20

20

20

20

20

August 10

20 _____

_____

_____

_____

20 _____

_____

_____

_____

20 _____

_____

_____

_____

20 _____

_____

_____

_____

20 _____

_____

_____

_____

August 11

20

20

20

20

20

August 12

20 _____
_____
_____
_____

20 _____
_____
_____
_____

20 _____
_____
_____
_____

20 _____
_____
_____
_____

20 _____
_____
_____
_____

August 13

20

20

20

20

20

August 14

20

20

20

20

20

August 15

20

20

20

20

20

August 16

20

20

20

20

20

August 17

20

20

20

20

20

August 18

20 _____

20 _____

20 _____

20 _____

20 _____

August 19

20 _____

20 _____

20 _____

20 _____

20 _____

August 20

20 _____

20 _____

20 _____

20 _____

20 _____

August 21

20 _____

20 _____

20 _____

20 _____

20 _____

August 22

20

20

20

20

20

August 23

20

20

20

20

20

August 24

20

20

20

20

20

August 25

20

20

20

20

20

August 26

20 _____

20 _____

20 _____

20 _____

20 _____

August 27

20

20

20

20

20

August 28

20

20

20

20

20

August 29

20

20

20

20

20

August 30

20

20

20

20

20

August 31

20

20

20

20

20

September 1

20

20

20

20

20

September 2

20

20

20

20

20

September 3

20

20

20

20

20

September 4

20

20

20

20

20

September 5

20 _____

20 _____

20 _____

20 _____

20 _____

September 6

20

20

20

20

20

September 7

20

20

20

20

20

September 8

20

20

20

20

20

September 9

20

20

20

20

20

September 10

20

20

20

20

20

September 11

20

20

20

20

20

September 12

20

20

20

20

20

September 13

20

20

20

20

20

September 14

20

20

20

20

20

September 15

20

20

20

20

20

September 16

20

20

20

20

20

September 17

20

20

20

20

20

September 18

20 _____

_____

_____

_____

20 _____

_____

_____

_____

20 _____

_____

_____

_____

20 _____

_____

_____

_____

20 _____

_____

_____

_____

September 19

20

20

20

20

20

September 20

20

20

20

20

20

September 21

20

20

20

20

20

September 22

20

20

20

20

20

September 23

20 _____

20 _____

20 _____

20 _____

20 _____

September 24

20

20

20

20

20

September 25

20 _____

_____

_____

_____

20 _____

_____

_____

_____

20 _____

_____

_____

_____

20 _____

_____

_____

_____

20 _____

_____

_____

_____

September 26

20

20

20

20

20

September 27

20 _____

_____

_____

_____

20 _____

_____

_____

_____

20 _____

_____

_____

_____

20 _____

_____

_____

_____

20 _____

_____

_____

_____

September 28

20

20

20

20

20

September 29

20

20

20

20

20

September 30

20 _____

20 _____

20 _____

20 _____

20 _____

October 1

20

20

20

20

20

October 2

20 _____

20 _____

20 _____

20 _____

20 _____

October 3

20

_____

20

_____

20

_____

20

_____

20

_____

October 4

20

20

20

20

20

October 5

20 _____

20 _____

20 _____

20 _____

20 _____

October 6

20

20

20

20

20

October 7

20

20

20

20

20

October 8

20

20

20

20

20

October 9

20

20

20

20

20

October 10

20

20

20

20

20

October 11

20 _____

20 _____

20 _____

20 _____

20 _____

October 12

20

20

20

20

20

October 13

20

20

20

20

20

October 14

20

20

20

20

20

October 15

20

20

20

20

20

October 16

20

20

20

20

20

October 17

20 _____

_____

_____

_____

20 _____

_____

_____

_____

20 _____

_____

_____

_____

20 _____

_____

_____

_____

20 _____

_____

_____

_____

October 18

20

20

20

20

20

October 19

20

20

20

20

20

October 20

20

20

20

20

20

October 21

20

20

20

20

20

October 22

20 _____

20 _____

20 _____

20 _____

20 _____

October 23

20 _____

20 _____

20 _____

20 _____

20 _____

October 24

20 _____

20 _____

20 _____

20 _____

20 _____

October 25

20

20

20

20

20

October 26

20 _____

20 _____

20 _____

20 _____

20 _____

October 27

20

20

20

20

20

October 28

20

20

20

20

20

October 29

20 _____

20 _____

20 _____

20 _____

20 _____

October 30

20

20

20

20

20

October 31

20

20

20

20

20

November 1

20

20

20

20

20

November 2

20

20

20

20

20

November 3

20

20

20

20

20

November 4

20

20

20

20

20

November 5

20

20

20

20

20

November 6

20 _____

_____

_____

_____

20 _____

_____

_____

_____

20 _____

_____

_____

_____

20 _____

_____

_____

_____

20 _____

_____

_____

_____

November 7

20

20

20

20

20

November 8

20

20

20

20

20

November 9

20

20

20

20

20

November 10

20

20

20

20

20

November 11

20 _____

20 _____

20 _____

20 _____

20 _____

November 12

20

20

20

20

20

November 13

20

20

20

20

20

November 14

20 _____

20 _____

20 _____

20 _____

20 _____

November 15

20

20

20

20

20

November 16

20 _____

20 _____

20 _____

20 _____

20 _____

November 17

20 _____

20 _____

20 _____

20 _____

20 _____

November 18

20 _____

20 _____

20 _____

20 _____

20 _____

November 19

20

20

20

20

20

November 20

20 _____

20 _____

20 _____

20 _____

20 _____

November 21

20

20

20

20

20

November 22

20

20

20

20

20

November 23

20 _____

20 _____

20 _____

20 _____

20 _____

November 24

20

20

20

20

20

November 25

20

20

20

20

20

November 26

20

20

20

20

20

November 27

20

20

20

20

20

November 28

20

20

20

20

20

November 29

20

20

20

20

20

November 30

20

20

20

20

20

December 1

20

20

20

20

20

December 2

20

20

20

20

20

December 3

20

20

20

20

20

December 4

20

20

20

20

20

December 5

20

20

20

20

20

December 6

20

20

20

20

20

December 7

20

20

20

20

20

December 8

20

20

20

20

20

December 9

20

20

20

20

20

December 10

20 _____

20 _____

20 _____

20 _____

20 _____

December 11

20

20

20

20

20

December 12

20

20

20

20

20

December 13

20

20

20

20

20

December 14

20 _____
_____
_____
_____

20 _____
_____
_____
_____

20 _____
_____
_____
_____

20 _____
_____
_____
_____

20 _____
_____
_____
_____

December 15

20 _____

20 _____

20 _____

20 _____

20 _____

December 16

20 _____

_____

_____

_____

20 _____

_____

_____

_____

20 _____

_____

_____

_____

20 _____

_____

_____

_____

20 _____

_____

_____

_____

December 17

20

20

20

20

20

December 18

20 _____

20 _____

20 _____

20 _____

20 _____

December 19

20

20

20

20

20

December 20

20 _____
_____
_____
_____

20 _____
_____
_____
_____

20 _____
_____
_____
_____

20 _____
_____
_____
_____

20 _____
_____
_____
_____

December 21

20 _____

20 _____

20 _____

20 _____

20 _____

December 22

20

20

20

20

20

December 23

20 _____

20 _____

20 _____

20 _____

20 _____

December 24

20 _____

20 _____

20 _____

20 _____

20 _____

December 25

20 _____

20 _____

20 _____

20 _____

20 _____

December 26

20

20

20

20

20

December 27

20

20

20

20

20

December 28

20

20

20

20

20

December 29

20 _____

_____

_____

_____

20 _____

_____

_____

_____

20 _____

_____

_____

_____

20 _____

_____

_____

_____

20 _____

_____

_____

_____

December 30

20

20

20

20

20

December 31

20

20

20

20

20

Made in the USA
Coppell, TX
26 November 2020